AF343881

INFANTERIE

DE MARINE.

Méthode suivie pour l'instruction des recrues.

V

41981

L'école du soldat a été divisée en 76 bulletins.

L'école de peloton et des tirailleurs en 29 bulletins.

Le service des gardes dans le port en 6 bulletins.

Chaque bulletin forme une pose d'exercice. 1861

Le tir des cartouches sans balles
4 bulletins.

Honneurs à rendre au Saint-
Sacrement, un bulletin.

Cette progression est établie
en supposant une classe exécu-
tant trois numéros par exercices,
mais comme on ne peut compter
sur un pareil résultat, chaque bulletin pourra être répété autant
de fois qu'il sera nécessaire. Du
N° 12 au N° 69, tous les bulletins multiples de 3 sont consa-
crés aux marches, alignements,
conversions, etc., et habituelle-
ment exécutés aux troisièmes
poses.

Position du soldat sans armes.

Mouvement de tête à droite et à gauche.

Toucher la poitrine avec un doigt pour s'assurer que l'homme porte le haut du corps en avant.

Faire prendre des aplombs.

Mettre l'homme au repos et lui montrer les à droite et les à gauche à sa volonté.

Régulariser la tenue.

Faire ôter des poches du pantalon tout ce qui est apparent.

Veiller à ce que les armes et les sacs soient placés de manière à ne pas se détériorer.

N° 2.

Position du soldat sans armes.
Mouvement de tête à droite et à gauche.
Faire prendre des aplombs.
Mettre l'homme au repos et lui montrer les à droite et les à gauche à sa volonté.

N° 3.

Position du soldat sans armes.
Mouvement de tête à droite et à gauche.
Faire prendre des aplombs.
Les à droite et les à gauche au commandement.

Nº 4.

Position du soldat sans armes.

Faire prendre des aplombs.

Mouvement de tête à droite et à gauche.

Les à droite et les à gauche au commandement, mettre l'homme en repos et lui montrer le demi-tour à droite à sa volonté.

Faire une classe de maladroits.

Régulariser la tenue.

Faire vider les poches.

Veiller aux sacs et aux armes.

Nº 5.

Le demi tour à droite en commandant, DEUX pour rapporter le pied droit.

La marche au pas ordinaire.

Répéter souvent le demi-tour.

Nº 6.

Position du soldat sans armes.

Prendre des aplombs.

Réunion de la classe sur un rang (coude à coude) et ensuite sur deux pour doubler les files par le flanc droit.

Nº 7.

Position du soldat sans armes.
Prendre des aplombs.
Mouvement de tête.
Les à droite et les à gauche.
La marche au pas ordinaire.
Répéter souvent le demi-tour en commandant, DEUX pour rapporter le pied droit.
Faire une classe de maladroits.
Faire vider les poches.
Régulariser la tenue.
Veiller aux sacs et aux armes.

Nº 8.

La marche au pas ordinaire et accéléré.
Répéter souvent le demi-tour en commandant, DEUX pour rapporter le pied droit.

Nº 9.

Pas gymnastique sur place.
Réunion de la classe sur un rang *(coude à coude)* et ensuite sur deux pour doubler les files par le flanc droit.

Nº 10.

Position du soldat sans armes.
Mouvements de tête.
Les à droite et les à gauche.
La marche au pas ordinaire et accéléré.
Répéter souvent le demi-tour en commandant, DEUX pour rapporter le pied droit.

Nº 11.

Principes du port d'armes *(coude à coude)*.
Mouvement de tête.
Prendre des aplombs.
Les à droite et les à gauche.
Le demi-tour à droite en supprimant le commandement de deux.
Oter fréquemment l'arme.

Nº 12.

Pas gymnastique sur place sans armes *(à un pas de distance)*.
Pas gymnastique en marchant *(à un pas de distance)*.
Reprendre souvent le pas accéléré.

N° 13.

Principe du port d'armes (*coude à coude*).

Mouvement de tête.

Les à droite et les à gauche.

Le demi-tour à droite en supprimant le commandemant de deux.

Oter fréquemment l'arme.

Mettre la classe au repos et montrer à la volonté de l'homme.

Le 1er mouvement de l'arme au bras.

Le 2e et le 3e quand le précédent sera bien fait.

N° 14.

Mettre la classe au repos et montrer à la volonté de l'homme.

Le 1er mouvement de porter les armes étant l'arme au bras.

· Le 2e et le 3e quand le précédent sera bien fait.

N° 15.

La marche sans arme (*à un pas de distance*) au pas ordinaire, accéléré et gymnastique, mettre la classe au repos et montrer à la volonté de l'hom- me à marquer et à changer le pas à la cadence du pas ordinaire.

N° 16.

Principes du port d'armes.

Mouvements de tête.

Les à droite et les à gauche.

Le demi-tour à droite.

L'arme au bras en décomposant.

Porter les armes   id.

N° 17.

Mettre la classe au repos et montrer à
    la volonté de l'homme.

Présentez les armes.

Portez les armes.

Reposez sur les armes, (*en trois mouve-
    ments*).

Portez les armes.

Ne montrer un mouvement que quand
    le précédent sera bien fait.

N° 18.

La marche sans armes (*à un pas de distance*), au pas ordinaire, accéléré et
gymnastique. Marquer et changer le
pas au commandement et à la cadence du pas ordinaire.

N° 19.

Principes du port d'armes.
Mouvement de tête   (2 *fois*).
Les à droite et les à gauche.   id.
Le demi-tour à droite.   id.

EN DÉCOMPOSANT.

L'arme au bras.
Portez les armes.
Présentez vos armes.
Portez vos armes.
Reposez sur vos armes (*en commandant*
    TROIS *pour descendre la main droite*).
En place repos, garde à vous pelotons.
Portez vos armes.
Faire une classe de maladroits.
Faire recommencer les mouvements
    mal faits par le commandement de
    AUTANT, alors les hommes reprendront
    la position qu'il viennent de quitter.

N° 20.

Mettre la classe au repos et montrer à
    la volonté de l'homme.
Remettre la bayonnette. Bayonnette au
    canon.
L'arme sur l'épaule droite (*en 2 mouve-
    ments*).
Portez les armes (*en trois mouvements*).
Ne montrer le deuxième mouvement
    d'un temps que quand le premier
    sera bien fait.

N° 21.

La marche sans armes (*à un pas de
    distance*) à toutes les allures.
Marquer et changer le pas au pas ordi-
    naire et accéléré.

EN DÉCOMPOSANT.

Portez vos armes.

L'arme au bras, en place repos.

Garde à vous peloton.

Portez vos armes.

Présentez et portez vos armes.

Reposez sur vos armes (*en commandant* TROIS *pour descendre la main droite*).

En place repos, garde à vous.—Peloton portez vos armes.

Remettre la bayonnette. Bayonnette au canon.

L'arme sur l'épaule droite (*en deux mouvements*).

Portez vos armes (*en trois mouvements, le 3° pour descendre la main gauche dans le rang*).

Faire recommencer les mouvements mal faits par le commandement de AUTANT.

Nº 23.

Portez vos armes.

L'arme au bras. Portez vos armes.

Reposez sur vos armes (*en commandant* TROIS *pour descendre la main droite.)*

Mettre la classe au repos et montrer à la volonté de l'homme.

L'arme sur l'épaule droite étant l'arme au bras (*en 2 mouvements*).

L'arme au bras étant l'arme sur l'épaule droite (*en 3 mouvements, le troisième pour descendre la main droite dans le rang*).

Ne montrer le 2ᵉ mouvement d'un temps que quand le premier sera bien fait.

Nº 24.

Mettre sa classe au repos, sans armes (*à un pas de distance*) et montrer à la volonté de l'homme, le demi-tour en marchant; dès qu'il sera bien compris, l'exécuter au commandement à la cadence du pas accéléré.

N° 25.

EN DÉCOMPOSANT.

Portez vos armes.

L'arme au bras, en place repos.

Portez vos armes.

Présentez vos armes.

Reposez sur vos armes (*en commandant* TROIS *pour descendre la main à droite*).

En place repos Garde à vous peloton.

Bayonnette au canon. Remettre la bayonnette.

L'arme sur l'épaule droite étant au port d'armes ou l'arme au bras, ne faire que deux fois les mouvements bien exécutés, s'attacher à ceux mal compris.

N° 26.

(*Pour les charges et les feux faire placer la giberne devant*).

Mettre la classe au repos, et montrer à la volonté de l'homme.

Le premier mouvement du premier temps de la charge.

Ne montrer le 2e que si le 1er est bien fait.

N° 27.

La marche sans armes (*à un pas de distance*) à toutes les allures.

Le demi-tour en marchant au pas accéléré et gymnastique.

A compter de ce jour, le peloton se rendant du quartier au terrain d'exercice et étant formés sur deux rangs doublés, faire dédoubler et doubler les files, en laissant le mouvement venir de la tête de la colonne.

N° 28.

*En décomposant deux fois chaque mouve-
    ment et ensuite sans décomposer.*
Portez vos armes.
L'arme au bras.—En place repos.
Présentez vos armes.
Reposez sur vos armes, *(supprimer le
    commandement de trois).*
En place repos.—Garde à vous peloton.
Bayonnette au canon.
Remettre la bayonnette.
L'arme sur l'épaule droite étant au
    port d'armes ou l'arme au bras.
Les mouvements mal exécutés seront
    recommencés en décomposant.

N° 29.

*(Pour les charges et les feux, faire placer
    la giberne devant).*
Mettre la classe au repos et montrer à
    la volonté de l'homme.
Découvrir et couvrir la cheminée.
Amorcez.
L'arme à gauche.

N° 30.

Les sauts sans armes en largeur et en
    hauteur (*4 fois chaque homme*).
Une course de vélocité sans armes.
La marche sans armes (*à un pas de dis-
    tance*) à toutes les allures.
Marquer et changer le pas au pas gym-
    nastique.

N° 31.

SANS DÉCOMPOSER.

Porter les armes.

L'arme au bras.—En place repos

Présentez vos armes. — Portez vos armes.

Reposez sur vos armes (*supprimer le commandement de trois*).

En place repos.

Bayonnette au canon. — Remettre la bayonnette.

L'arme sur l'épaule droite étant au port d'armes ou l'arme au bras.

Ne faire que deux fois les mouvements bien exécutés, s'attacher à ceux mal compris.

N° 32.

Mettre la classe au repos, et montrer à la volonté de l'homme.

Tirez la baguette.

Ne montrer le 2ᵉ et le 3ᵉ mouvement que quand le précédent sera bien fait.

N° 33.

La marche en armes (*à un pas de distance*) au pas ordinaire et accéléré, marquer et changer le pas.

N° 34.

Mettre la classe au repos, et montrer à
la volonté de l'homme.

Bourrez.

Remettez la baguette.

Portez vos armes.

N° 35.

EN DÉCOMPOSANT. .

Charge en 12 temps.

N° 36.

La marche en armes (*à un pas de distance*), au pas accéléré et gymnastique.

Marquer et changer le pas.

N° 37.

SANS DÉCOMPOSER.

Portez vos armes.

L'arme au bras. — En place repos.

Présentez vos armes.

Reposez sur vos armes. — En place repos.

Bayonnette au canon. — Remettre la
bayonnette.

L'arme sur l'épaule droite étant au
port d'armes ou l'arme au bras.

Ne faire que deux fois les mouvements
bien exécutés.

EN DÉCOMPOSANT.

Charge en 12 temps.

N° 38.

Mettre la classe au repos, et montrer à
la volonté de l'homme.

Position du 1er et du 2e rang.

Joue, replacez vos armes.

N° 39.

La marche en armes (*à un pas de distance*) au pas ordinaire et accéléré;
marquer et changer le pas.

Le demi-tour en marchant.

Marcher en arrière.

SANS DÉCOMPOSER.

Portez vos armes.

L'arme au bras.— En place repos.

Présentez vos armes.

Reposez sur vos armes.— En place re-

pos.

Bayonnette au canon. — Remettre la

bayonnette.

L'arme sur l'épaule droite étant au port

d'armes ou l'arme au bras.

Charge en 12 temps.

N° 41.

EN DÉCOMPOSANT.

Position du 1er et du 2e rang.

Joue, replacez.

Feu, portez.

N° 42.

Principes d'alignement homme par hom-

me, par la droite et par la gauche.

N° 43.

SANS DÉCOMPOSER.

Charge en 12 temps.

Position du 1er et du 2e rang.

Joue, replacez, ou joue, feu.

Chargez ou portez.

N° 44.

Mettre la classe au repos et montrer à la volonté de l'homme.

Croisez la bayonnette.

Portez vos armes.

Descendez vos armes.

Portez vos armes.

L'arme sous le bras gauche.

Portez vos armes.

Ne montrer le 2e ou le 3e mouvement d'un temps que quand le précédent sera bien fait.

N° 45.

Alignements à rangs entiers par la droite et par la gauche, en avant et en arrière.

N° 46.

EN DÉCOMPOSANT.

Portez vos armes.

Croisez la bayonnette.

Portez vos armes.

Descendez vos armes.

Portez vos armes.

L'arme sous le bras gauche.

Portez vos armes.

Ne faire que deux fois les mouvements
bien exécutés, s'attacher à ceux mal
compris.

N° 47.

Mettre la classe au repos et montrer à
la volonté de l'homme.

Vos armes à terre.

Relevez vos armes.

Inspection des armes.

Ne montrer le 2ᵉ mouvement d'un temps
que quand le précédent sera bien fait.

N° 48.

Marche de front directe au pas accéléré.

Prendre un alignement chaque fois que
l'on s'arrêtera.

Marcher en arrière.

N° 49.

EN DÉCOMPOSANT.

Croisez la bayonnette.

Descendez vos armes.

L'arme sous le bras gauche.

Vos armes à terre.

Inspection des armes.

Etant reposé sur l'arme.

Faire mettre la baguette dans le canon.

Faire mettre et ôter la bayonnette.

Ne faire que deux fois les mouvements bien exécutés, s'attacher à ceux mal compris.

N° 50.

SANS DÉCOMPOSER.

Maniement des armes.

Charge en 12 temps, ne faire que deux fois les mouvements bien exécutés, s'attacher à ceux mal compris.

N° 51.

Marche de front directe, au pas accéléré et gymnastique.

Marquer et changer le pas.

Le demi-tour en marchant.

Prendre un alignement chaque fois que l'on s'arrêtera.

N° 52.

Charge en 4 temps.

Charge à volonté.

Formation des faisceaux, avec les ba-
guettes.

N° 53.

Maniement des armes sans décomposer.

Revoir l'inspection des armes.

Formation des faisceaux avec les
bayonnettes.

N° 54.

HONNEURS A RENDRE AU SAINT-SACRE-MENT.

(*Trois fois*) à la volonté de l'homme; on
se conformera pour ce mouvement au
bulletin n° 106.

Marche de front directe et oblique au
pas accéléré.

Prendre un alignement chaque fois que
l'on s'arrêtera.

Marcher en arrière.

N° 55.

Former la classe sur deux rangs, mettre les hommes au repos, et montrer à la volonté de l'homme :

à revenir à la position d'apprêter les armes après avoir remis la baguette.

Une fois ce mouvement bien fait, exécuter le feu direct au commandement.

N° 56.

Mettre la classe au repos, et montrer à la volonté de l'homme la position du deuxième rang dans les feux obliques.

Une fois ce mouvement bien fait, exécuter le feu oblique au commandement.

N° 57.

HONNEURS A RENDRE AU SAINT-SACREMENT.

(*Quatre fois*) à la volonté de l'homme, on se conformera au bulletin n° 106.

Marcher de front direct et oblique, au pas accéléré et gymnastique.

Prendre un alignement chaque fois que l'on s'arrêtera.

N° 58.

Feu direct.
Feu oblique.
Feu de deux rangs.
Feu par rang.
Par le premier et le deuxième rang.

N° 59.

Escrime à la bayonnette.
Garde contre l'infanterie.
Garde contre la cavalerie.
Faire prendre d'abord les gardes à la
    volonté de l'homme, et ensuite au
    commandement.
Face à droite ou à gauche.
Demi-tour à droite ou à gauche.

N° 60.

Mettre la classe sur un rang sans armes,
    et faire par le flanc droit et le flanc
    gauche, face en avant, et face en ar-
    rière, pour le doublement et le
    dédoublement des files.

N° 61.

Escrime à la bayonnette.
Les gardes.
Face à droite ou à gauche.
Demi-tour à droite ou à gauche.
Le pas en avant.
Le pas en arrière.
Le pas à droite
Le pas à gauche.
Double passe en avant.
Double passe en arrière.

N° 62.

Escrime à la bayonnette.
Répéter les mouvements de jambes connus, plus : volte face à droite ou à gauche, *(faire d'abord exécuter ce mouvement à la volonté de l'homme, en remettant la bayonnette dans le fourreau).*
Les parades tierce en quarte.
Les parades prime.

N° 63.

La marche par le flanc en armes au pas accéléré.
Changer de direction par file.

N° 64.

Escrime à la bayonnette.

Tous les mouvements de jambe.

Les parades.

Les pointés tierce et quarte, d'abord à
la volonté de l'homme, et ensuite au
commandement.

N° 65.

Escrime à la bayonnette.

Tous les mouvements de jambe.

Les parades, tierce, quarte et prime.

Les pointés tierce et quarte.

Les pointés prime.

Les pointés prime à droite ou à gauche.

Le coup lancé.

N° 66.

La marche de flanc en armes au pas
accéléré.

Changer la direction par file.

Les à droite et les à gauche en marchant.

*(A compter de ce jour, le peloton se ren-
dant du quartier au terrain d'exercice
et étant sur deux rangs doublés, le
former par peloton en ligne et le faire
marcher par le flanc dans la même direction en laissant le mouvement venir
de la tête de la colonne).*

N° 67.

Toute l'escrime à la bayonnette.
Mouvements simples.

N° 68.

Mettre la classe par le flanc et exécuter.
Maniement des armes sans décomposer.
Revoir l'inspection des armes.
Charge en 12 temps.
Charge en 4 temps.

N° 69.

HONNEURS A RENDRÉ AU SAINT-SACRE-

MENT.

(*Quatre fois en décomposant*) on se conformera au bulletin n° 106.
La marche de flanc au pas gymnastique.
Changer de direction par file.
Les à droite et les à gauche en marchant.
Reprendre souvent le pas accéléré.

N° 70.

Toute l'escrime à la bayonnette.

Mouvements compliqués.

Les hommes reprendront la garde d'eux-

mêmes.

N° 71.

Charge à volonté et feux par le premier

et le deuxième rang.

N° 72.

Principes des conversions de pied ferme.

Sans armes au pas accéléré.

De même au pas gymnastique, une fois

le mécanisme bien compris.

N° 73.

HONNEURS A RENDRE AU SAINT-SACRE-MENT.

(*6 fois en décomposant*) on se conformera au bulletin n° 106.

La marche de flanc au pas accéléré.

Les à droite et les à gauche en marchant.

Sans doubler ni dédoubler les files.

N° 74.

HONNEURS A RENDRE AU SAINT-SACRE-MENT.

(*6 fois en décomposant*) on se conformera au bulletin n° 106.

Conversions de pied ferme en armes au pas accéléré et ensuite au pas gymnastique.

Conversions en marchant au pas accéléré et en armes.

N° 75.

HONNEURS A RENDRE AU SAINT-SACRE-MENT.

(*6 fois sans décomposer*) on se conformera au bulletin n° 106.

Les conversions en marchant en armes au pas accéléré et gymnastique.

Les changements de direction du côté du guide au pas accéléré et gymnastique.

Les sauts en armes et sans sacs, en largeur et hauteur (6 *fois chaque homme.*)

Une course de vélocité en armes et sac
au dos.

Réunion de la classe sur un rang et exécuter une longue marche au pas gymnastique en armes et sac au dos.

L'arme à volonté ou descendue,
exécuter les à droite et les à gauche
en marchant.

NOTA. — Avant de passer à l'école
de peloton, on fera exécuter le tir aux
cartouches sans balles, en se conformant aux bulletins n 108 et 109.

Le numéro 108 sera exécuté deux
fois.

ECOLE DE PELOTON.

BULLETIN N° 77.

Ouvrir et serrer les rangs.

Alignements successifs à rangs ouverts.

Serrer les rangs.

N° 78.

Ouvrir les rangs.

Alignements parallèles et obliques à rangs ouverts.

Serrer les rangs.

N° 79.

Le peloton étant de pied ferme, exécuter des à droite et des à gauche par le premier et le deuxième rang pour le doublement et le dédoublement des files.

N° 80.

Ouvrir les rangs.

Maniement des armes.

Honneurs à rendre au St-Sacrement.

(*On se conformera au bulletin n° 106.*)

Ne faire que deux fois les mouvements bien exécutés, s'attacher à ceux mal compris.

N° 81.

Alignements parallèles et obliques à rangs serrés.

N° 82.

Quatrième leçon au pas accéléré.

(*Moins la formation sur la droite ou sur la gauche par file en bataille*).

N° 83.

Première leçon. — Les rangs étant ouverts, faire rendre les honneurs au
St-Sacrement (*trois fois*) on se conformera au bulletin n 106.

N° 84.

Formation du peloton -e deux rangs
sur un par la droite et par la gauche.

De même d'un rang sur deux.

N° 85.

Formation d'un peloton de deux rangs
sur quatre et réciproquement de pied
ferme.

Dès que ce mouvement sera bien compris l'exécuter en marchant.

Le peloton étant sur deux rangs, le
rompre et le former en marchant.

N° 86.

Deuxième leçon. — Faire mettre les gibernes devant.

N° 87.

Formation sur la droite ou sur la gauche par file en bataille ; d'abord file par file de pied ferme, puis rang par rang de pied ferme, et ensuite en marchant.

N° 88.

Mettre des files en arrière et les faire rentrer en ligne ; d'abord de pied ferme, en faisant mettre l'homme à la place qu'il doit occuper.

Dès que ce mécanisme sera compris, on exécutera le mouvement au commandement et en marchant.

Marcher par le flanc dans la même direction.

N° 89.

Troisième leçon à rangs ouverts et au pas accéléré.

Le demi tour en marchant

N° 90.

Troisième leçon à rangs ouverts au pas gymnastique.

Le demi tour en marchant.

Reprendre souvent le pas accéléré.

N° 91.

Troisième leçon à rangs serrés au pas accéléré et gymnastique.

Reprendre souvent le pas accéléré.

Etant en marche, en retraite au pas gymnastique, commander quelquefois :

Peloton, demi-tour à droite — HALTE.

N° 92.

Cinquième leçon au pas accéléré.
Passer de la cinquième leçon à la troisième et réciproquement.
Faire quelquefois changer la direction
du côté du guide.

N° 93.

Cinquième leçon au pas gymnastique.
Passer de la cinquième leçon à la troisième et réciproquement.
Faire quelquefois changer de direction
du côté du guide au pas gymnastique.
Reprendre souvent le pas accéléré.

N° 94.

Tirailleurs par groupe de quatre.
(*Ne donner des groupes qu'aux instruc-
teurs capables.*)
Déployer et rassembler les groupes.
Une fois ce mouvement connu, déployer
tout le peloton en avant.
Les rassemblements de pied ferme.

N° 95.

TIRAILLEURS AVEC TOUT LE PELOTON.

Déployer en avant.

Déployer par le flanc.

Ouvrir et resserrer les intervalles.

Rassemblement sur la réserve.

N° 96.

Quatrième leçon au pas gymnastique.

Reprendre souvent le pas accéléré.

N° 97.

TIRAILLEURS AVEC TOUT LE PELOTON.

Marcher en avant.

Marcher en retraite.

Changer de direction.

Marcher par le flanc.

Les rassemblements en marchant.

*(Les hommes n'exécuteront qu'à la son-
nerie, mais jusqu'à ce qu'elle leur soit
familière, on fera préalablement les
commandements à la voix. Ces com-
mandements seront répétés par les chefs
de sections et de demi sections),*

N° 98.

6ᵉ leçon au pas accéléré et gymnastique (*ne pas s'arrêter longtemps sur les mouvements connus*).

N° 99.

Tirailleurs par groupes de quatre (*ne donner des groupes qu'aux instructeurs capables*).

Feu de pied ferme (*à genoux ou couché*).

Feu en avant (*à genoux*).

N° 100.

Tirailleurs par groupes de quatre (*ne donner des groupes qu'aux instructeurs capables*).

Feu en retraite (*à genoux*).

Feu par le flanc.

N° 101.

Tirailleurs par groupe de quatre (*ne donner des groupes qu'aux instructeurs capables*).

La marche, le feu étant commencé.

Passer du feu en avant à celui en re-traite.

Passer du feu en avant ou en retraite à celui de flanc.

Passer du feu de flanc à celui en avant ou en retraite.

(*Dans les feux en avant ou en retraite, on tirera à genoux*).

N° 102.

Tirailleurs avec tout le peloton.

Feu de pied ferme (*Faire tirer à genoux et quelquefois couché*).

Feu en marchant (*Faire tirer à genoux, dans le feu en avant ou en retraite*).

Passer du feu en avant à celui en re-traite.

Passer du feu en avant ou en retraite à celui de flanc.

Passer du feu de flanc à celui en avant ou en retraite.

Dans le feu de flanc on prendra souvent le pas gymnastique.

Changer de direction pendant le feu en avant ou en retraite.

(*Les hommes n'exécuteront qu'à la son-nerie, mais jusqu'à ce qu'elle leur soit familière, on fera préalablement les com-mandements à la voix, ces commande-ments seront répétés par les chefs de section et de demi-sections*).

N° 103.

Tirailleurs par groupes de quatre (*ne donner des groupes qu'aux instructeurs capables*).

Ralliement par quatre.

Une fois ce mouvement connu, l'exécuter avec tout le peloton. Plus :

Ralliement par demi-sections.

Ralliement par sections.

(Quand les hommes seront ralliés, ils feront quelques mouvements d'escrime à la bayonnette; mais dans les ralliements par quatre, il devra toujours rester trois - hommes au groupe. Les hommes ne devront donc exécuter ces mouvements que l'un après l'autre).

N° 104.

Escrime à la bayonnette.
Mouvements compliqués.
*(Faire autant de classes qu'il y aura d'ins-
tructeurs capables).*
Position du tirailleur se ralliant sur un
carré (*quatre fois à la volonté de
l'homme*).
Ce mouvement aura lieu d'après les
principes de celui des honneurs à
rendre au St-Sacrement (*bulletin n°*
106) excepté qu'au 3° mouvement on
appuiera la crosse contre le genou
droit.
On remontera la main gauche contre la
grenadière.
La main droite au dessus de la platine.
La platine en dessous.
La bayonnette dirigée à hauteur de la
bouche d'un cheval.

N° 105.

Tirailleurs.
Ralliement sur la réserve.
Former la colonne pour marcher en
avant ou en retraite.
Reformer le carré.
NOTA — Avant de passer au bataillon,
le peloton tirera 35 cartouches sans
balles, en se conformant aux bulletins
N° 110 et 111.

N° 106.

HONNEURS A RENDRE AU ST-SACREMENT.

Faire présenter les armes et commander :

Genou — EN TERRE.

1 temps et 3 mouvements.

Premier mouvement.

Rentrer un peu la pointe du pied gauche en dedans.

Deuxième mouvement.

Se fendre de la partie droite, les genoux un peu ployés, le corps d'aplomb, la pointe du pied droit à environ 76 centimètres du talon gauche et à 16 centimètres sur le côté.

Troisième mouvement.

Poser le genou droit à terre, poser la crosse à terre sans frapper, de manière qu'elle soit devant la cuisse droite, son bec sur l'alignement du talon gauche, remonter la main gauche à la capucine, incliner la tête et porter la main droite à la coiffure.

Pour quitter cette position, on commandera :

1° *Garde à vous.*

2° DEBOUT.

Au premier commandement relever la tête et saisir légèrement l'arme à la poignée avec la main droite.

Au deuxième commandement se relever et prendre la position des armes présentées.

N° 107.

Le peloton étant de pied ferme le former sur quatre rangs et faire exécuter les divers feux par les deux premiers rangs.

N° 108.

Former des classes de quatre hommes. Tirer trois cartouches à poudre par la charge en douze temps.
(Homme par homme tant pour la charge que pour le tir).

N° 109.

Former des classes de quatre hommes et tirer cinq cartouches à poudre en feux de pelotons directs et obliques.
(On chargera deux fois en quatre temps et trois fois à volonté).

N° 110.

Faire tirer au peloton 15 cartouches à poudre.

Feu direct.
Feu oblique.
Feu de deux rangs.
Feu par rang.
Feux par le 2° rang.

N° 111.

Déployer le peloton en tirailleurs et faire
tirer 20 cartouches à poudre.

Feu de pied ferme.

Cesser le feu.

Marcher en avant.

Commencer le feu.

Cesser le feu.

Halte.

Marcher en retraite.

Commencer le feu.

Cesser le feu.

Halte.

Sans cesser le feu.	Commencer le feu. Marcher en avant. Halte. Marcher en retraite. Marcher par le flanc. Revenir à la marche en avant ou en retraite. Changer de direction pendant le feu en avant ou en retraite.

N° 112.

Interroger les hommes sur les divser
grades.

Leur indiquer la manière de saluer.

Les faire défiler en se tenant à leur
droite.

Leur recommander de ne pas fumer la
pipe dans les rues.

De ne rien mettre dans les poches du
pantalon, surtout quand ils sont en
veste.

N° 113.

Intonation sur la manière de reconnaî-
tre les rondes.

Recommandations diverses dont les prin-
cipales se trouvént à la fin de la consigne générale des gardes dans le
port.

N° 114.

Continuer les recommandations en les
lisant dans la consigne.

Apprendre aux hommes à piquer l'heure
suivant l'usage des quarts à bord.

Réunion générale des classes pour recommandations diverses et apprendre
à piquer l'heure avec la cloche (*on se
servira d'un clairon pour simuler la
cloche*).

N° 115.

Service des gardes pendant la nuit.
Mettre la moitié du poste en faction ;
Faire crier souvent : *Sentinelles prenez
    garde à vous.*
Essayer de faire relever des sentinelles
    d'un autre poste.
Essayer de faire relever les hommes
    entr'eux.

N° 116.

Service des gardes pendant le jour.
Mettre la moitié du poste en faction.
Envoyer des ordonnances.
Les caporaux sans armes reçvront les
    honneurs dus aux capitaines et lieu-
    tenants.
Les caporaux en armes recevront les
    honneurs dus aux officiers supé-
    rieurs.
Les sergents sans armes recevront les
    honneurs dus aux généraux de bri-
    gade.
Les sergents en armes recevront les
    honneurs dus aux généraux de divi-
    sion.
Les militaires et les bourgeois ayant la
    croix d'honneur ont droit au port
    d'armes ; ceux ayant la médaille mi-
    litaire ont droit à l'arme au bras ou
    au pied.
Il n'est rien dû au ruban seul, il en
    sera de même la nuit pour les offi-
    ciers et dans toutes les tenues.

Service du jour pendant le mauvais temps.

Tout le monde en faction.

Sortir de sa guérite pour les officiers supérieurs et pour toute la troupe qui passe.

Rester dans la guérite, frapper sur la bretelle et prendre la position régulière de l'arme au pied pour les capitaines et lieutenants.

Réunion générale des classes pour recommandations diverses et piquer l'heure.

FIN.

Toulon. — Imp. et lith. d'E. AUREL.

www.ingramcontent.com/pod-product-compliance
Lightning Source LLC
LaVergne TN
LVHW021751060726
842528LV00003B/892